51 Dicas
Para a Conquista da Automotivação

O caminho mais curto para o sucesso

Coleção

Livros que compõem a Coleção:

- *Competências para o Sucesso em Vendas* (esgotado)
- *51 Dicas para a Conquista da Automotivação*
- *51 Dicas para Descomplicar as Televendas* (em lançamento)
- *51 Dicas para a Pré-Venda e a Pós-Venda* (em lançamento)
- *51 Dicas para Estar Frente-a-Frente com o Cliente* (em lançamento)

Dario Amorim

51 Dicas
Para a Conquista da Automotivação

O caminho mais curto para o sucesso

Copyright© 2006 by Dario Amorim

Todos os direitos desta edição reservados à Qualitymark Editora Ltda.
É proibida a duplicação ou reprodução deste volume, ou parte do mesmo,
sob qualquer meio, sem autorização expressa da Editora.

Direção Editorial
SAIDUL RAHMAN MAHOMED
editor@qualitymark.com.br

Produção Editorial
EQUIPE QUALITYMARK

Editoração Eletrônica
MS EDITORAÇÃO

Capa
WILSON COTRIM

Ilustrações
ARTES & ARTISTAS

CIP-Brasil. Catalogação-na-fonte
Sindicato Nacional dos Editores de Livros, RJ

A543c

    Amorim, Dario. – 51 dicas para a conquista da automotivação : o caminho mais curto para o sucesso / Dario Amorim. – Rio de Janeiro : Qualitymark, 2006.

    128p. : . – (51 dicas : 1)

    Inclui bibliografia
    ISBN 85-7303-618-4

    1. Motivação (Psicologia). 2. Auto-realização (Psicologia). 3. Sucesso. I. Título. II. Título : Automotivação. III. Série.

05-3631

CDD 158.1
CDU 159.947

2006
IMPRESSO NO BRASIL

Qualitymark Editora Ltda.
Rua Teixeira Júnior, 441
São Cristóvão
20921-400 – Rio de Janeiro – RJ
Tel.: (0XX21) 3860-8422

Fax: (0XX21) 3860-8424
www.qualitymark.com.br
E-Mail: quality@qualitymark.com.br
QualityPhone: 0800-263311

AGRADECIMENTOS

Nesta nova etapa de minha vida profissional, tenho que agradecer as pessoas com as quais tenho o prazer de conviver e que, sem sombra de dúvidas, são fundamentais para a minha caminhada rumo à conquista de meu Sucesso. São elas:

- Minha mulher, Catelini, minha inspiração de vida.
- Minha Família, todos, sem exceção.
- Meu grande mestre... Eduardo Botelho (*in memoriam*).
- Amigos e parceiros que acreditam em meu trabalho.
- Diego Maia... Amigo, parceiro, autor do prefácio deste livro e, sem dúvida, com o apoio de sua mulher, a Lorena, será, como está escrito nas estrelas, um grande campeão.

UM AGRADECIMENTO ESPECIAL

Há alguém, em especial, a quem desejo agradecer com muito carinho:

- A **"DEUS"**! Obrigado, Senhor, por me dar mais esta oportunidade. Obrigado, Senhor, por me permitir ter forças e energia para superar todos os desafios e vencer. Obrigado, Senhor, por colocar em minha vida pessoas tão especiais, importantes e dignas.

Um pedido: Que "DEUS" abençoe a todos!

Caro(a) leitor(a)!

Você pode estar se perguntando: Por que tratar o tema Automotivação de forma isolada?

Eu respondo: Porque todo o esforço necessário para a conquista de seus objetivos, seja ele qual for, depende de sua Motivação.

Já dizia Dale Carnegie, quando publicou seu livro *Como Fazer Amigos e Influenciar Pessoas*: "Acredite que você pode mudar sua vida, e isso se concretizará".

Ao Vendedor só restam duas alternativas:

1. Aceitar a dificuldade do exercício da profissão e justificar a falta de resultados, ou...

2. Entender que a dificuldade é um grande desafio que precisa ser aceito e superado.

Ao tomar este livro em suas mãos acredito que tenha decidido pela segunda alternativa, portanto aproveite ao máximo a leitura dele e, se desejar incorporar as dicas aqui apresentadas, pratique-as.

Muito Sucesso e Felicidade para você!

Prefácio

Conheci Dario Amorim há alguns anos, quando realmente decidi que meu objetivo era auxiliar empresas e profissionais a buscarem o sucesso de seus negócios. Muitos caminhos foram percorridos, muitas vitórias conquistadas, muitas empresas beneficiadas com nossas soluções e milhares de profissionais integrados aos nossos eventos abertos, como o *Encontro Estadual de Vendas*, *Congresso Nacional de Vendedores*, *Encontro das Mulheres de Negócio$*, dentre muitas outras ações de extrema importância. Mas falhas e decepções também existiram. Mesmo com todo o sucesso e mesmo com grande notoriedade há momentos em que nos encontramos desmotivados. E principalmente quando estamos no poço. É por essas e outras que decidimos lançar a coleção "Profissão: Vendedor" primeiramente com este livro, o *"51 Dicas para a Conquista da Automotivação"*. Como o próprio nome diz, você vai encontrar 51 dicas práticas, úteis, dinâmicas e objetivas para utilizar e aplicar em seu dia-a-dia profissional, seja lá qual for seu ramo e segmento de atuação; seja lá qual for seu *status* profissional atual.

O que mais gosto nesta série, além de resgatar a proveitosa e saudável parceria que tenho com Dario, é a praticidade. Você pode carregar este pequeno livro no bolso da calça, da camisa, do paletó, da pasta, da mochila... só não vale deixar ele no canto após a primeira e rápida leitura. Leia diariamente!

Pode acreditar: em diversos momentos em sua vida profissional (e por que não dizer pessoal também?) este pequeno livro vai lhe fazer um bem enorme.

Muito $uce$$o e conte conosco!

Um forte abraço,

Diego Maia
*Presidente do HM Central de Negócios e
Diretor-Executivo do CDPV – Centro de
Desenvolvimento do Profissional de Vendas.*

Fale conosco: *diego@qualidadeemvendas.com.br*

Acesse nosso site: *www.qualidadeemvendas.com.br*

Sumário

Dica número 1
 "Defina um Objetivo" 1

Dica número 2
 "Ao Definir um Objetivo, Escreva-o" 5

Dica número 3
 "Descreva suas Ações e Prazos" 7

Dica número 4
 "Aja" 9

Dica número 5
 "Persista" 11

Dica número 6
 "Acredite em seu Potencial" 13

Dica número 7
 "Decida Sempre" 15

Dica número 8
 "Não se Condene por suas Falhas" 17

Dica número 9
 "Desenvolva Bons Relacionamentos" 19

Dica número 10
 "Seja Verdadeiro" 21

Dica número 11
  "Viva de Bem com a Vida" 23

Dica número 12
  "Seja Ousado" 25

Dica número 13
  "Aceite as Mudanças" 27

Dica número 14
  "Esteja Atento aos seus Instintos" 29

Dica número 15
  "Tenha Hábitos Saudáveis" 31

Dica número 16
  "Seja Confiante" 33

Dica número 17
  "Inove Constantemente" 35

Dica número 18
  "Seja Criativo" 37

Dica número 19
  "Tenha Uma Atitude Mental Positiva" 39

Dica número 20
  "Querer é Poder" 41

Dica número 21
  "Aceite as Objeções" 43

Dica número 22
  "Invista em sua Comunicação" 45

Dica número 23
  "Planeje o que Vai Falar" 47

Dica número 24
  "Ao Falar Tenha Uma Ordem Lógica" 49

Dica número 25
  "Seja Empático" 51

Dica número 26
  "Cuide de seu Vocabulário" 53

Dica número 27
  "Saiba Escutar e Observar" 55

Dica número 28
  "O Corpo Fala" 57

Dica número 29
  "Cuide de sua Comunicação Visual" 59

Dica número 30
  "Tenha Noção de Espaço" 61

Dica número 31
  "Sorria" 63

Dica número 32
  "Concentre-se na Solução" 65

Dica número 33
  "Seja Humilde" 67

Dica número 34
  "Cuide de seu Maior Capital" 69

Dica número 35
  "Assuma Riscos" 71

Dica número 36
  "Invista em sua Formação" 73

Dica número 37
"Na Crise... Crie!" 75

Dica número 38
"Sonhe com os Pés no Chão" 77

Dica número 39
"Seja Feliz" 79

Dica número 40
"Você Colherá o que Plantar" 81

Dica número 41
"Não Cometa Exageros" 83

Dica número 42
"Não Seja Apressado" 85

Dica número 43
"Nunca Perca o Foco" 87

Dica número 44
"Analise Bem os Fatos" 89

Dica número 45
"Fuja das Normoses" 91

Dica número 46
"Sofra de Insatisfatina" 93

Dica número 47
"Aprenda a Rir de seus Medos" 95

Dica número 48
"Utilize a Balança da Sabedoria" 97

Dica número 49
"Não Espere Cair do Céu" 99

Dica número 50
"Ouse Tentar" 101
Dica número 51
"Determine-se a Vencer" 103

Bibliografia 107

Dica número 1

"DEFINA UM OBJETIVO"

Nada acontece por acaso.

Para que você conquiste o tão sonhado Sucesso e a tão desejada Felicidade, é preciso, necessariamente, definir aonde quer chegar. Este passo é necessário em todas as áreas de sua vida.

SIM... Você precisa pensar em sua vida por áreas.

Quer alguns exemplos? Então, lá vai:

Áreas da Vida:

- Profissional
- Financeira
- Familiar
- Física
- Social
- Mental
- Espiritual

LEMBRE-SE: Você é o responsável por seus resultados.

É fundamental pensar de forma isolada em cada uma das áreas apresentadas acima.

Continuando com os exemplos:

- Quando você pára para pensar em sua Área Profissional, se faz necessário o estabelecimento de objetivos para seu crescimento. Investimentos em sua formação, tais como Universidade, Pós-Graduação, MBA, Mestrado, Doutorado, Cursos de Especialização, etc., precisam ser estabelecidos como objetivos. Algo que você precisa, necessariamente, alcançar. O mercado está cada vez mais competitivo. Você precisa se determinar a ser o melhor.

- Sua Área Financeira merece, individualmente, a mesma atenção, afinal, apesar de ser alimentada por sua área profissional, é nela que você estabelece objetivos de investimentos, aquisições, pagamentos, aplicações, etc.

- E a Família, outra área de nossa vida que merece atenção individual. Quando pensamos em nossa Área Familiar, pensamos em temas como: escola das crianças, compra da casa, troca do carro, alimentação, assistência médica, viagens e passeios, seguro de vida, etc. Tudo isso, e muito mais, precisa ser distribuído em objetivos estabelecidos para curto, médio e longo prazos.

- Sua Área Física precisa ser da mesma forma cuidadosamente observada. Imagine você ter como rotina trabalhar durante o dia e estudar à noite, além disso fazer um curso aos sábados, ou jogar aquele futebol. Ora, se você estiver acima do peso ou debilitado por uma má alimentação ou, mesmo, levando uma vida sedentária, como espera praticar esta sua rotina com a energia necessária? É claro que você precisa investir em sua saúde física e, para isso, são importantes os objetivos.

- Área Social. Outra área para ser tratada com foco. Na Área Social nos preocupamos com nossos amigos, com o clube que freqüentamos, as festas das quais participamos, os churrascos que fazemos, etc. Você pode estar se perguntando... Mas o que tem a ver isto com o Estabelecimento de Objetivos? Eu respondo... Tudo! Afinal, quando você marca um almoço com um cliente está trabalhando suas áreas profissional e social. Um churrasco em família pode muito bem ter a participação de um amigo empresário. Ou aquela viagem de férias com a família... Queremos que dê tudo certo, certo?

- Mental, outra área que precisa receber nosso carinho. Ler um bom livro, assistir a um bom filme, fazer uma meditação significam, entre outras coisas, ter a cabeça preparada para pensar no futuro, em coisas boas, etc.

- Espiritual, aqui não falo em religião, mas, sim, na fé que você precisa ter em você mesmo e nas pessoas. Só quem acredita que é capaz o será.

Dica número 2

"AO DEFINIR UM OBJETIVO, ESCREVA-O"

O importante, em todo o processo de Estabelecimento de Objetivos, é que você faça um contrato com você mesmo. Colocar no papel seus Objetivos fará com que você assuma uma responsabilidade com você mesmo, além de impedir que deixe seu Objetivo cair no esquecimento.

LEMBRE-SE: Escreva seu Objetivo de forma detalhada e clara.

Dica número 3

"DESCREVA SUAS AÇÕES E PRAZOS"

Três perguntas precisam, neste momento, ser respondidas. São elas:

1. O que eu preciso fazer para chegar lá?
2. Por que é importante eu chegar lá?
3. Quando eu quero chegar lá?

Essas respostas descreverão com clareza todos os passos que deverão ser dados para a conquista do Objetivo e, é claro, quando irá conquistá-lo.

> **LEMBRE-SE: Tudo na vida tem seu caminho e tempo certo para acontecer... Determine o seu!**

Dica número 4

"AJA"

Nada do que está no papel acontecerá se você nada fizer.

O princípio básico para que se tenha resultado é a Ação, ou seja, colocar em prática o que foi determinado como caminho para a conquista de seu Objetivo.

LEMBRE-SE: Nada acontece por acaso!

Dica número 5

"PERSISTA"

Ao seguir seu caminho rumo à conquista de seu Objetivo, muitos momentos difíceis você terá que enfrentar. Supere-os... Jamais desista.

LEMBRE-SE: Sempre haverá pedra no caminho!

Dica número 6

"ACREDITE EM SEU POTENCIAL"

Todos nós possuímos 100% de potencial para conquistarmos o Sucesso e a Felicidade. Essa história de que uns possuem potencial e outros não é coisa do passado.

Através de estudos os cientistas chegaram à conclusão de que todos temos a mesma capacidade de realização... O que nos diferencia dos outros é o quanto utilizamos dela.

Quer ter Sucesso?

LEMBRE-SE: Você nasceu para ter Sucesso e ser Feliz!

Dica número 7

"DECIDA SEMPRE"

> **"Você pode decidir o que quiser para o seu futuro...
> Só não pode decidir desistir!"**
>
> *Dario Amorim*

Com esta frase de minha autoria, quero deixar bem claro que, aconteça o que tiver que acontecer em sua vida, será sempre o fruto de uma decisão que você tomou.

> **LEMBRE-SE: Ninguém poderá fazer
> nada por você, a não ser você mesmo.**

Dica número 8

"NÃO SE CONDENE POR SUAS FALHAS"

O único verdadeiro erro é deixar de tentar. Todos os outros erros levam ao crescimento.

Saber analisar o erro para então praticar a Autocorreção passou a ser a melhor forma de Autodesenvolvimento.

Dedique para você, pelo menos, 10 minutos todos os dias, para a prática da Auto-avaliação.

Como diz um dos maiores vendedores que conheço, Professor Eduardo Botelho: "Para que você possa corrigir um erro, o primeiro passo é admitir que errou".

> **LEMBRE-SE: A prática do Autoconhecimento
> levará você ao Sucesso!**

Dica número 9

"DESENVOLVA BONS RELACIONAMENTOS"

Nós nunca estaremos sozinhos e, acredite, nunca conquistaremos nada sozinhos. Todos nós precisamos de ajuda. Como tudo na vida é fruto de um trabalho em equipe, invista em sua rede de relacionamentos.

> **LEMBRE-SE: Procure sempre compreender aqueles que estão à sua volta, pois nunca saberemos quando poderemos precisar deles.**

Dica número 10

"SEJA VERDADEIRO"

Primeiro com você mesmo, depois, com os outros.

Seja você mesmo... Sempre!

O maior erro é acreditar que você deve ser como os outros querem. Quando você pratica isto, deixa de ser natural, verdadeiro e, o que é pior, deixa de expor suas idéias e de impor seu estilo de vida. Resultado... Infelicidade!

LEMBRE-SE: Queira ser Feliz!

Dica número 11

"VIVA DE BEM COM A VIDA"

Aproveite cada momento de seu presente, sem deixar de pensar em seu futuro. Aproveite cada detalhe, mesmo os mais ínfimos.

LEMBRE-SE: Siga sempre em frente!

Dica número 12

"SEJA OUSADO"

Um pouco de ousadia e desprendimento faz bem a qualquer profissional. Fazer algo que a maioria não faz é o princípio básico para se chegar ao lugar que a maioria não chega.

> **LEMBRE-SE: O importante é acreditar!**

Dica número 13

"ACEITE AS MUDANÇAS"

A única coisa permanente, em nossos tempos atuais, é a mudança. Tudo na vida, graças a "DEUS", muda. Hoje, para ter Sucesso, você precisa decidir sobre mudar ou mudar. Ou você muda de atitude ou você muda desta para uma melhor. Em outras palavras, morre.

> **LEMBRE-SE: As pequenas mudanças o ajudam a se adaptar às maiores que ocorrerão.**

Dica número 14

"ESTEJA ATENTO AOS SEUS INSTINTOS"

Hoje, para se sobreviver no mercado, são necessários mais do que Talento e Cultura, é preciso estar ligado nos instintos. Ter sensibilidade para perceber a hora certa de arriscar ou frear é, sem dúvida, um grande diferencial.

> **LEMBRE-SE: Nem sempre quem dá o primeiro passo vence a corrida!**

Dica número 15

"TENHA HÁBITOS SAUDÁVEIS"

Entenda que Vencer é um hábito e Perder também.

Qual é o seu Hábito como Vendedor?

Você possui limites para Vencer?

> **LEMBRE-SE:** Às vezes é preciso abdicar do que se gosta para se ter o que quer.

Dica número 16

"SEJA CONFIANTE"

Ser confiante é contagiar tudo o que se faz com um vírus útil que trará resultados maravilhosos.

Confiança gera segurança.

> **LEMBRE-SE: Os clientes procuram fazer seus negócios com quem eles confiam.**

Dica número 17

"INOVE CONSTANTEMENTE"

Seja você mesmo, mas nunca sempre o mesmo.

Nossos clientes precisam de algo que os surpreenda.

Além de atendê-los em suas necessidades você precisa surpreendê-los com ações não esperadas.

> **LEMBRE-SE: Se para o cliente você for igual ao seu concorrente, ele certamente comprará do que for mais barato.**

Dica número 18

"SEJA CRIATIVO"

O essencial é criarmos um espaço em nossa mente para podermos despertar nossa criatividade.

Inteligência e sensibilidade aguçada formam a base para uma mente criativa. Fique distante da rotina profissional.

LEMBRE-SE: Você precisa ser mais produtivo e eficaz!

Dica número 19

"TENHA UMA ATITUDE MENTAL POSITIVA"

Libere a energia e o entusiasmo e REALIZE.

Todos nós temos que lutar o tempo todo e, por maior que seja o tamanho do obstáculo, jamais devemos perder a esperança de superá-lo.

> **LEMBRE-SE: A pior tentativa
> é aquela que ainda não foi feita!**

Dica número 20

"QUERER É PODER"

Poder é para alguns ou para todos?

É claro que todos podem querer poder, porém poucos estão preparados para assumir esse desafio.

Tenha SORTE! Sorte é quando a oportunidade encontra você preparado para aproveitá-la.

> **LEMBRE-SE: Você nasceu para Vencer!**

Dica número 21

"ACEITE AS OBJEÇÕES"

Elas são grandes oportunidades de negócios.

As objeções fazem parte da vida diária e podem ter grande utilidade, pois expressam os verdadeiros sentimentos do cliente.

> **LEMBRE-SE: Objeção é, ao mesmo tempo, oportunidade e desafio.**

Dica número 22

"INVISTA EM SUA COMUNICAÇÃO"

Esta é, simplesmente, a principal ferramenta do Vendedor.

Todos os dias, para a completa realização de seu trabalho, o Vendedor precisa se comunicar com presteza e sabedoria.

Na linguagem verbal e não-verbal, enfim, seja qual for o tipo de comunicação que o Vendedor decida utilizar, vários pontos importantes devem ser considerados e, a partir das próximas dicas, ou seja, da dica 23 à 31, concentrarei meus esforços em colaborar com você, amigo leitor, para que haja um perfeito entendimento desta maravilhosa ferramenta que é a Comunicação.

> **LEMBRE-SE:** Às vezes um gesto vale mais do que mil palavras!

Dica número 23

"PLANEJE O QUE VAI FALAR"

Muitos Vendedores caem na armadilha de falar com seu cliente sem antes ter planejado o que, como, onde, quando e para quem deveria levar a mensagem. A falta de planejamento faz com que você se desvie do caminho a ser percorrido. Dê-se a oportunidade de fazer certo. Planeje tudo o que vai comunicar levando em consideração a mensagem, forma, local, a quem se destina, recursos necessários, etc.

LEMBRE-SE: Já dizia o Velho Guerreiro, o Chacrinha: "Quem não se comunica se trumbica".

Dica número 24

"Ao Falar Tenha Uma Ordem Lógica"

A sua fala, aquilo que você pretende comunicar através do uso da comunicação verbal, precisa ter começo, meio e fim. É como se fosse uma história. Já é muito difícil conseguir que nosso interlocutor nos entenda, quanto mais quando nossa história não tem pé nem cabeça.

> **LEMBRE-SE: Tudo na vida faz parte de uma história!**

Dica número 25

"Seja Empático"

A regra básica é: Transmita uma mensagem a alguém da mesma forma que você gostaria de recebê-la. Coloque-se sempre no lugar do outro.

> **LEMBRE-SE: A porta somente continuará aberta se seu cliente entender que você o considera importante!**

Dica número 26

"CUIDE DE SEU VOCABULÁRIO"

Quando falo de vocabulário, não estou dizendo que você precisa falar difícil. O uso de palavras difíceis, termos técnicos ou até gírias compromete sua comunicação.

Tenha um bom vocabulário formado por palavras simples, que comunique com qualquer nível de pessoa. Como conseguir isso? Lendo. A leitura é o melhor caminho para a conquista de um bom vocabulário.

> **LEMBRE-SE: Você pode estar perdendo vendas por não saber se comunicar.**

Dica número 27

"SAIBA ESCUTAR E OBSERVAR"

Você só sabe se conseguiu passar uma mensagem quando o retorno dela mostrar que seu interlocutor a entendeu. Comunicar não é falar e sim perceber se a mensagem atingiu seu objetivo. Fale com clareza e, em seguida, escute a resposta e observe a linguagem não-verbal de seu interlocutor.

> **LEMBRE-SE: Comunicação não é o que você fala, mas, sim, o que o outro entende do que você fala.**

Dica número 28

"O CORPO FALA"

Sua comunicação somente estará completa se a verbal e a não-verbal estiverem equilibradas. Quando há desencontro de informação entre o que você fala e como gesticula, você não consegue se comunicar. Cuide de sua postura e gestos que você melhorará sensivelmente sua comunicação.

> **LEMBRE-SE: Um gesto vale mais do que mil palavras!**

Dica número 29

"CUIDE DE SUA COMUNICAÇÃO VISUAL"

Sempre que quiser se comunicar com alguém, procure olhar nos olhos de seu interlocutor. Ao cumprir este passo você estará se certificando de que toda a mensagem passada foi entendida. Sabe por quê? A pessoa que recebe a mensagem pode não dizer que não entendeu, porém seus olhos nunca mentem, e, depois, ao olhar nos olhos você transmite segurança e confiança.

LEMBRE-SE: Os olhos são as janelas da alma.

Dica número 30

"Tenha Noção de Espaço"

Saiba respeitar o lugar onde está ocorrendo o processo de comunicação, principalmente se for no ambiente de seu cliente. Somente utilize o que lhe for permitido, tais como cadeira, mesa, quadros, etc.

> **LEMBRE-SE: Ao se sentir invadido, seu cliente bloqueará automaticamente a comunicação.**

Dica número 31

"SORRIA"

Nem que seja por economia. Lair Ribeiro, em seu livro *O sucesso não ocorre por acaso*, explica que você, quando sorri, movimenta uma quantidade menor de músculos na face, exigindo que seu organismo utilize uma menor quantidade de esforço. Em outras palavras, sorrir fará com que você se canse menos. Você economiza esforço.

LEMBRE-SE: Um ambiente feliz é mais produtivo!

Dica número 32

"CONCENTRE-SE NA SOLUÇÃO"

Há pessoas que se perdem no problema e aquelas que se concentram em encontrar a solução. Quem gasta muita energia com problemas tende a não sair do lugar, enquanto os que usam a simplicidade, a humildade e a cabeça para superar as dificuldades conquistam mais rapidamente o sucesso, quer seja em sua vida pessoal ou na profissional.

LEMBRE-SE: Transforme o problema em oportunidade.

Dica número 33

"SEJA HUMILDE"

Não se ache poderoso, pois este será seu maior pecado.

Por mais que suas conquistas sejam grandes, você precisa ser humilde. A humildade para servir bem o cliente, para se colocar frente às adversidades, para viver, precisa ser um exercício diário.

> **LEMBRE-SE: Você nunca será maior do que seus atos.**

Dica número 34

"CUIDE DE SEU MAIOR CAPITAL"

Caro Vendedor... Se você quer ter sucesso em sua profissão, não pode se esquecer de seu maior patrimônio: a felicidade de seu Cliente. Invista todo o seu tempo e conhecimento nesta idéia. Venda com excelência.

> **LEMBRE-SE: O cliente tem o poder de decidir de quem ele quer comprar.**

Dica número 35

"ASSUMA RISCOS"

Ousando e arriscando, sua única saída, mesmo em tempo de crise, será a busca constante e ininterrupta da conquista. Acredite em sua capacidade de realização, pois essa "FÉ", acima de qualquer outra coisa, fará você acreditar em você mesmo.

> **LEMBRE-SE: "O homem sem sonho é um homem sem futuro".**
> *Comandante Rolim*

Dica número 36

"INVISTA EM SUA FORMAÇÃO"

Um bom profissional não é feito do dia para a noite. Você possui todo o tempo necessário para investir em sua evolução pessoal e profissional. Faça um bom planejamento e coloque-o em prática.

> **LEMBRE-SE: Ninguém fará nada por você... se você não fizer.**

Dica número 37

"NA CRISE... CRIE!"

Por pior que seja a situação, sempre haverá algo a se fazer para mudar que não seja lamentar. Você é um ser dotado de capacidades das mais variadas: a capacidade de raciocinar, de planejar, de criar, de harmonizar, enfim, de realizar.

LEMBRE-SE: Você é capaz de executar... Cada vez melhor.

Dica número 38

"SONHE COM OS PÉS NO CHÃO"

Assuma seus sonhos e aja. Busque ativamente construir algo diferente. A isso eu dou o nome de "sonhar com os pés no chão". Tem a ver com sonhar acordado e não com fantasia. Tem a ver com sua atitude diante da vida.

LEMBRE-SE: Você é do tamanho que acredita ser.

Dica número 39

"SEJA FELIZ"

É preciso buscar a felicidade em tudo, inclusive nas pequenas coisas. Dedique-se ao máximo a todos os seus compromissos e aprenda a extrair prazer dos detalhes da vida.

> **LEMBRE-SE: Você merece ser feliz.**

Dica número 40

"Você Colherá o que Plantar"

As pessoas, em sua grande maioria, retribuirão ao que os outros lhe derem. Tudo aquilo que você decidir plantar terá que colher; por isso pense, repense, prepare a terra, escolha a melhor semente, plante-a e cuide de seu crescimento. Assim fazendo, poderá colher frutos doces e saborosos, caso contrário...

> **LEMBRE-SE: O plantio é opcional, mas a colheita é obrigatória.**

Dica número 41

"Não Cometa Exageros"

Para sua escolha: Quando é que nos sentimos realizados? Quando conquistamos pequenas coisas que somadas geram grandes resultados? Ou quando vivemos a vida inteira buscando grandes resultados que nunca acontecem?

> **LEMBRE-SE: A possibilidade de escolher
> é um direito e um poder em suas mãos.**

Dica número 42

"NÃO SEJA APRESSADO"

Existe um ditado que diz: "Quem tem pressa come cru e quente". Tudo acontece no tempo certo... Acredite!

Mais que um fim, a conquista da felicidade e do sucesso é um processo. Aprenda a curtir a vida apesar das adversidades e não tema enfrentar obstáculos.

LEMBRE-SE: O caminho para o sucesso e a felicidade é longo e precisa ser trilhado com calma e perseverança.

Dica número 43

"NUNCA PERCA O FOCO"

Quando você se esquece de seus objetivos acaba trilhando caminhos que não chegam a lugar algum. Existem pessoas que vivem uma vida inteira sem realizar e nunca ninguém percebeu sua existência. Outras crescem a todo momento, pois conquistam sempre seus objetivos... Dessas ninguém esquece.

LEMBRE-SE: Decida quem você quer ser.

51 Dicas para a Conquista da Automotivação

Dica número 44

"ANALISE BEM OS FATOS"

Nunca tome decisões apenas considerando o que seu "achômetro" indicou. Desligue este equipamento, pare de achar e busque sempre um número de informações suficientes para que você decida de forma correta.

> **LEMBRE-SE: Quem sempre "acha" nunca terá "certeza".**

Dica número 45

"Fuja das Normoses"

Ah! Sempre foi feito deste jeito, por que mudar agora? Conhece esta frase? Parece familiar? Sempre que você utilizar este argumento para justificar por que não faz nada, estará conquistando, sempre, menores resultados.

> **LEMBRE-SE: Quem quer conquistar o sucesso e a felicidade terá que fazer algo que a maioria não faz.**

Dica número 46

"SOFRA DE INSATISFATINA"

Seja um eterno insatisfeito. Queira sempre obter maiores e melhores resultados. Como diz o Professor Eduardo Botelho, meu grande mestre e amigo, "Sua única alternativa... Vencer".

LEMBRE-SE: Não há idade certa para se realizar sonhos.

Dica número 47

"Aprenda a Rir de seus Medos"

Estude seus medos como quem quer encontrar a resposta de sua existência. Faça isso, sempre, de forma racional e objetiva. O único obstáculo ainda intransponível é a morte... Todos os outros obstáculos você terá o poder de superar.

> **LEMBRE-SE: Tenha olhos no futuro.**

Dica número 48

"UTILIZE A BALANÇA DA SABEDORIA"

Pondere, sempre, sobre suas ações e resultados. Avalie o que está dando certo e o que está dando errado. Faça isso em todas as áreas de sua vida, principalmente em seu trabalho, pois trabalhar muito é bom, mas trabalhar certo é o que importa.

LEMBRE-SE: O sucesso está ao alcance de todos.

Dica número 49

"Não Espere Cair do Céu"

Poucas coisas caem do céu. Chuva, cocô de pássaro, de vez em quando um avião, porém, se você ficar sentado esperando o sucesso e a felicidade baterem a sua porta, vai cansar de esperar.

LEMBRE-SE: Corra atrás de seus ideais.

Dica número 50

"OUSE TENTAR"

O único erro que cometemos é o de deixar de tentar... Todos os outros erros levam para o aprendizado.

> **LEMBRE-SE: A pior tentativa é aquela que não foi feita.**

Dica número 51

"DETERMINE-SE A VENCER"

Num mundo em que o Sucesso e a Felicidade são desejados por todos, mas conquistados por poucos, só existe um ingrediente capaz de dar tempero a sua vida e torná-la mais feliz e bem-sucedida... A Determinação!

> **LEMBRE-SE: A maneira mais fácil de ganhar é deixando de perder. Determine-se ao Sucesso.**

Um recado para você, amigo(a) leitor(a):

O Sucesso não é um mal necessário, mas, sim, um bem que pode ser desejado e que todas as pessoas, inclusive você, poderão conquistar.

"Acredite... Você nasceu para ter Sucesso e ser Feliz"
"Você nasceu para Vencer"

Um forte abraço para você e, sempre, muito sucesso!

Que "DEUS" nos abençoe!

Dario Amorim

Bibliografia

Revistas

- *Seu Sucesso* – Editora Europa.
- *Vencer!* – Editora Vencer.
- *Vendedor Profissional* – Editora Vendedor.
- *Venda Mais* – Editora Quantum.

Livros

- *Como fazer amigos e influenciar pessoas*, Dale Carnegie.
- *O Sucesso não ocorre por acaso*, Lair Ribeiro.
- *O Sucesso é ser feliz*, Roberto Shinyashiki.
- *O campeão de Vendas ficou rico... Aprenda com ele*, Eduardo Botelho.

Sobre o CDPV – Centro de Desenvolvimento do Profissional de Vendas

O CDPV é uma unidade de negócios do grupo HM Central de Negócios e cria, desenvolve e executa treinamentos, cursos, palestras e seminários *in company* (dentro da empresa ou em nossos espaços em todo o país) ou abertos.

Na divisão "In Company", nossa atuação é voltada para os departamentos: comercial – interno e externo –, pós-venda e retenção, *call-center* e atendimento ao cliente, dentre outros. Desenvolvemos cursos de curta, média e longa durações, de acordo com as reais necessidades da empresa. Fornecemos também palestras com os melhores e mais renomados consultores do país. Para seu evento (convenção, lançamento de produto, treinamento ou reciclagem) fale antes conosco.

Na divisão "Abertos", promovemos grandes e importantes eventos, tais como *"Encontro Estadual de Vendas"*, *"Congresso Nacional de Vendedores"*, *"Encontro das Mulheres de Negócio$"*, dentre outros.

Anualmente concedemos os Prêmios *"Empresário ou Dirigente de Vendas do Ano"* e *"Qualidade em Vendas"*, que reconhecem os profissionais e as empresas que se destacaram em seus ramos.

Fale conosco:

(21) 2112-9999
www.qualidadeemvendas.com.br
correio@qualidadeemvendas.com.br.

Entre em sintonia com o mundo

QualityPhone:
0800-263311
Ligação gratuita

Qualitymark Editora

Rua Teixeira Júnior, 441 – São Cristóvão
20921-400 – Rio de Janeiro – RJ
Tel.: (21) 3860-8422
Fax: (21) 3860-8424

www.qualitymark.com.br
e-mail: quality@qualitymark.com.br

Dados Técnicos:

• **Formato:**	15,5×16cm
• **Mancha:**	12,5×14cm
• **Fontes Títulos:**	Humanst521Cn BT
• **Fontes Texto:**	Humanst521 BT
• **Corpo:**	11
• **Entrelinha:**	13,2
• **Total de Páginas:**	128

Este livro foi impresso nas oficinas gráficas da
Editora Vozes Ltda.,
Rua Frei Luís, 100 — Petrópolis, RJ,
com filmes e papel fornecidos pelo editor.